勧　進　帳

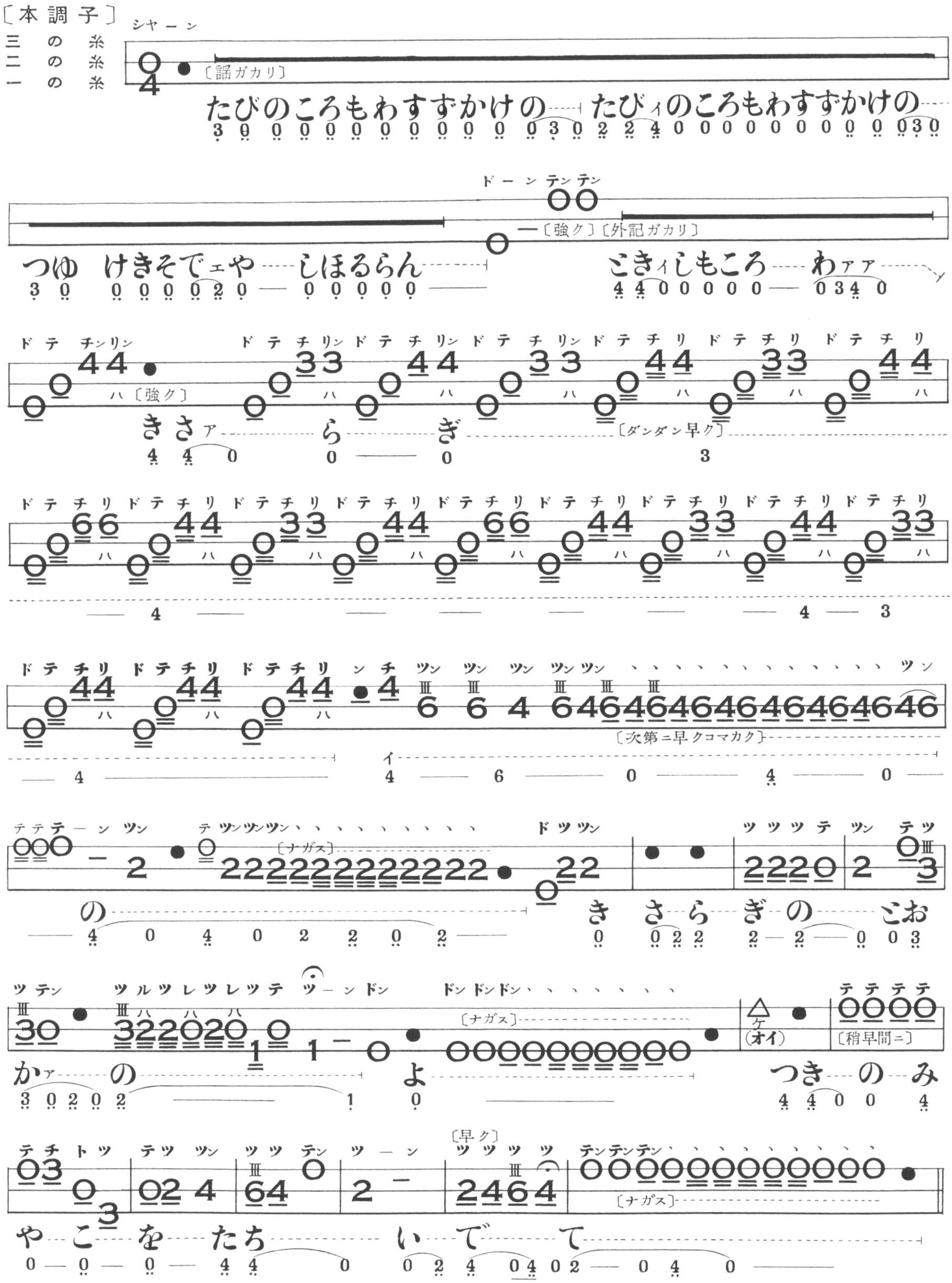
〔本調子〕
三の糸
二の糸
一の糸
シャーン
〔謡ガカリ〕
たびのころもわすずかけの　たびィのころもわすずかけの
ドーンテンテン
〔強ク〕〔外記ガカリ〕
つゆ　けきそでェや　しほるらん　ごきィしもころ　わァア
〔強ク〕
きさァ　ら　ぎ
〔ダンダン早ク〕
〔次第ニ早クコマカク〕
〔ナガス〕
の　きさらぎの　ごお
〔ナガス〕
〔オイ〕
〔稍早間ニ〕
かァ　の　よ　つきのみ
〔早ク〕
〔ナガス〕
やこをたち　いでて

〔寄せの合方〕

こ
れェやこのォゆ
くゥもかえるもわかァれてェわしるゥもし
らぬもおおォさかのやまァか
くす
かすみぞはるゥわゆ

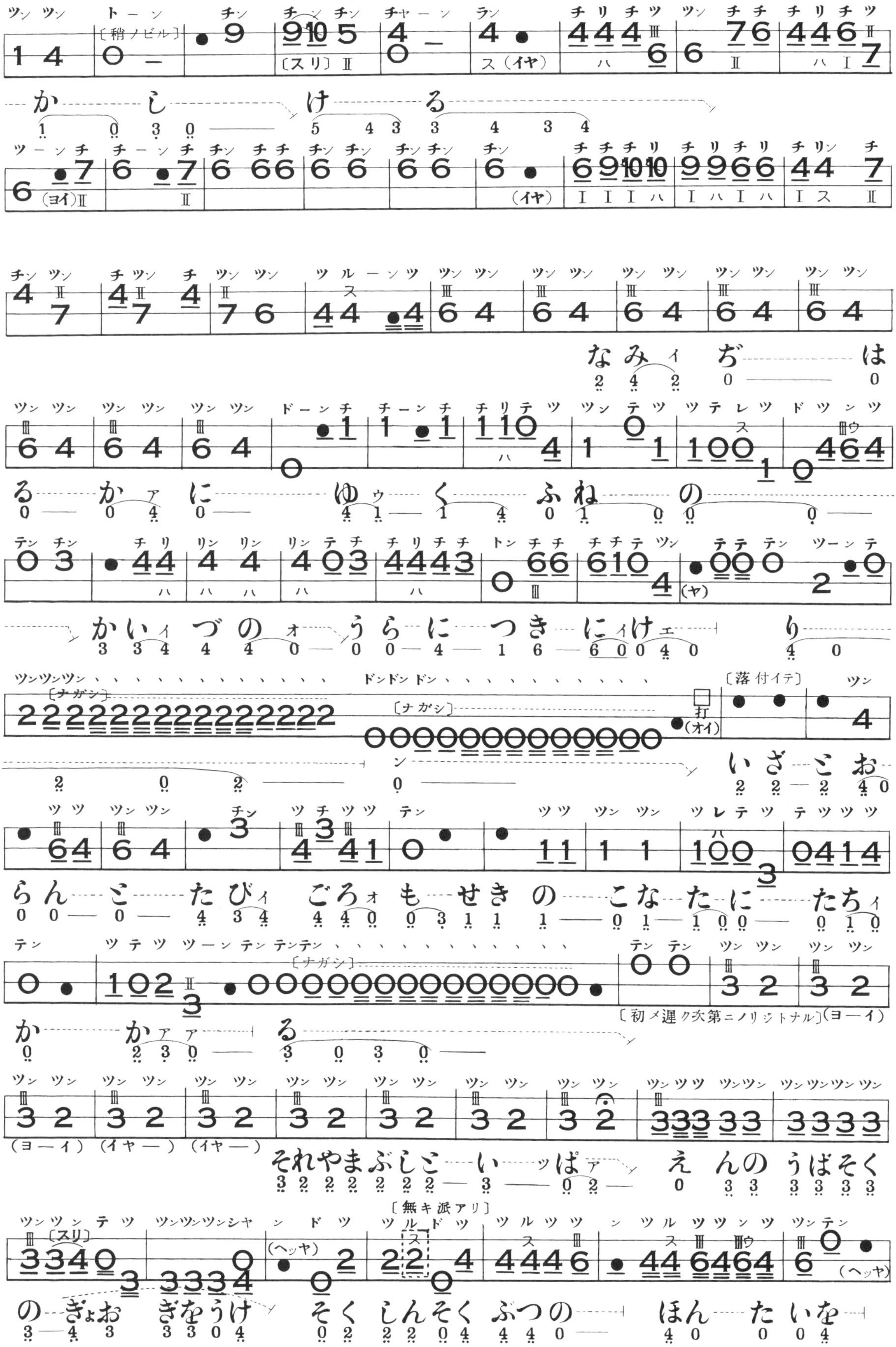
〔稍ノビル〕
〔スリ〕
かしける
〔ヨイ〕
なみィぢは
るかァにゆゥくふねの
かいィづのォうらにつきにィけェり
〔ナガシ〕
〔落付イテ〕
ンいざこお
らんこたびィごろォもせきのこなたにたちィ
かかァァる
〔初メ遅ク次第ニノリシトナル〕
それやまぶしこいッぱァえんのうばそく
〔無キ派アリ〕
のぎょおぎをうけそくしんそくぶつのほんたいを

ここにて うちこめ たまわん ここ
みょお おおの しょお らん はかり
〔無キ派アリ〕
〔スリ下ゲ〕
がこお ゆやごん げんの おばつ あたらん ここたち ごころに おいて
うたがいあるべからず おんあび ら うんけん ご じゅず さ ら
〔稍シメテユク〕
〔大キク 強ク〕
(オイ)
さ らこお しもん だァ り もこより
〔遅ク〕
〔半間〕
かんじん ちょおの あらばこそ おいのうち より おお らいの まきもの
いちかん こりい だし かん じん ちょおこ なづけ つ つ
〔早ク〕
たか らかにこそオオ よみィ あ げ け
〔次第ニ早ク〕
〔スリ〕
〔ナガシ〕
(ヨーイ)
〔遅ク〕
れ
しそ つ が はこォぶ ひろ だいィ に しら あや
〔スリ〕
ばかま ひこ かさ ね かが ぎぬ

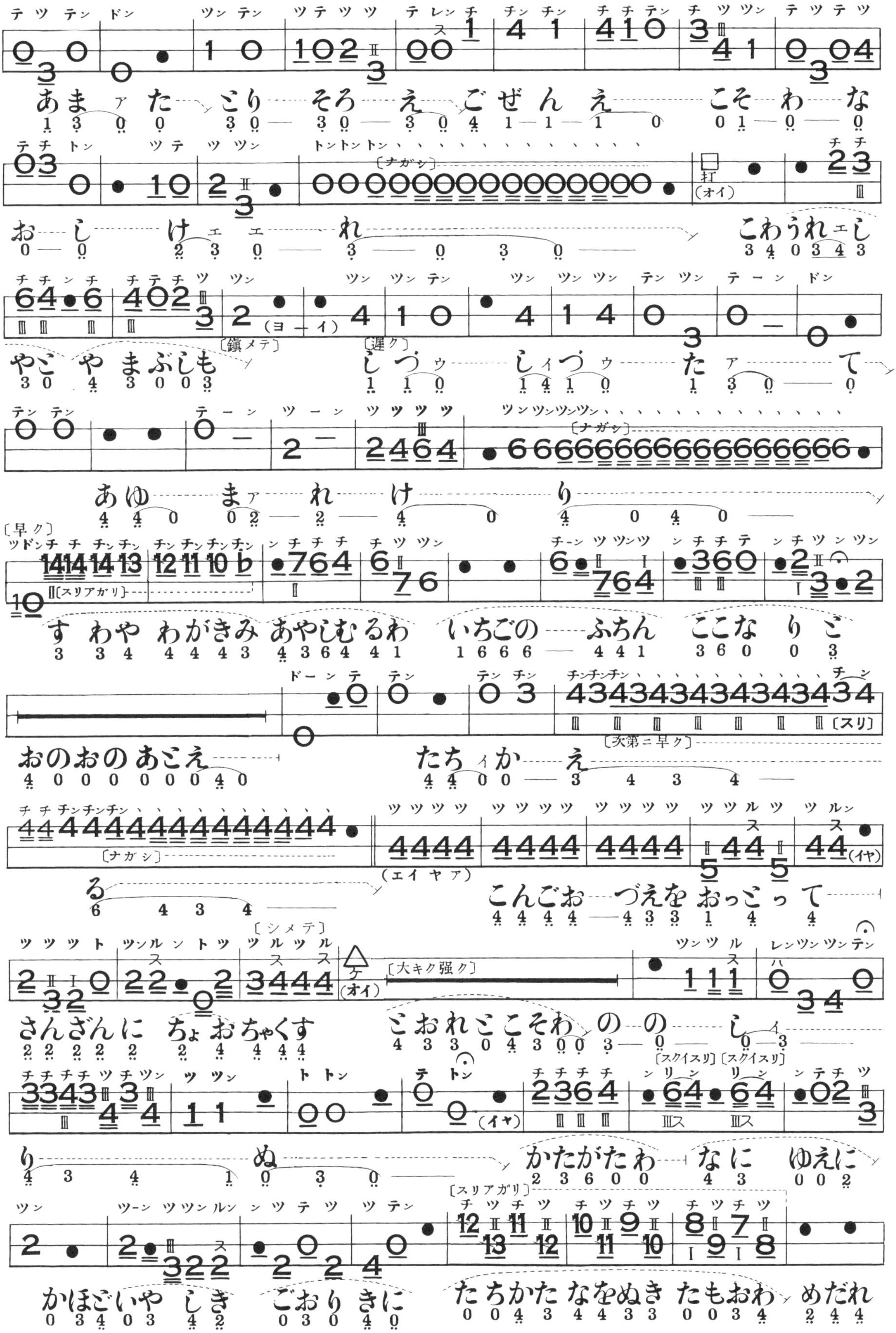
あまァたこりそろえごぜんえこそわな
〔ナガシ〕
打（オイ）
おしけェエれ
こわうれェし
〔鎖メテ〕
〔遅ク〕
（ヨーイ）
やごやまぶしも
しづゥしィづゥたァて
〔ナガシ〕
あゆまァれけり
〔早ク〕
〔スリアガリ〕
すわやわがきみあやしむるわ
いちごのふちん
ここなりご
〔スリ〕
〔次第ニ早ク〕
おのおのあこえ
たちィかえ
〔ナガシ〕
（エイヤァ）
（イヤ）
る
こんごおづえをおっこって
〔シメテ〕
〔大キク強ク〕
ケ（オイ）
さんざんにちょおちゃくす
こおれここそわののしィ
〔スクイスリ〕〔スクイスリ〕
（イヤ）
りぬ
かたがたわなにゆえに
〔スリアガリ〕
かほごいやしきごおりきに
たちかたなをぬきたもおわめだれ

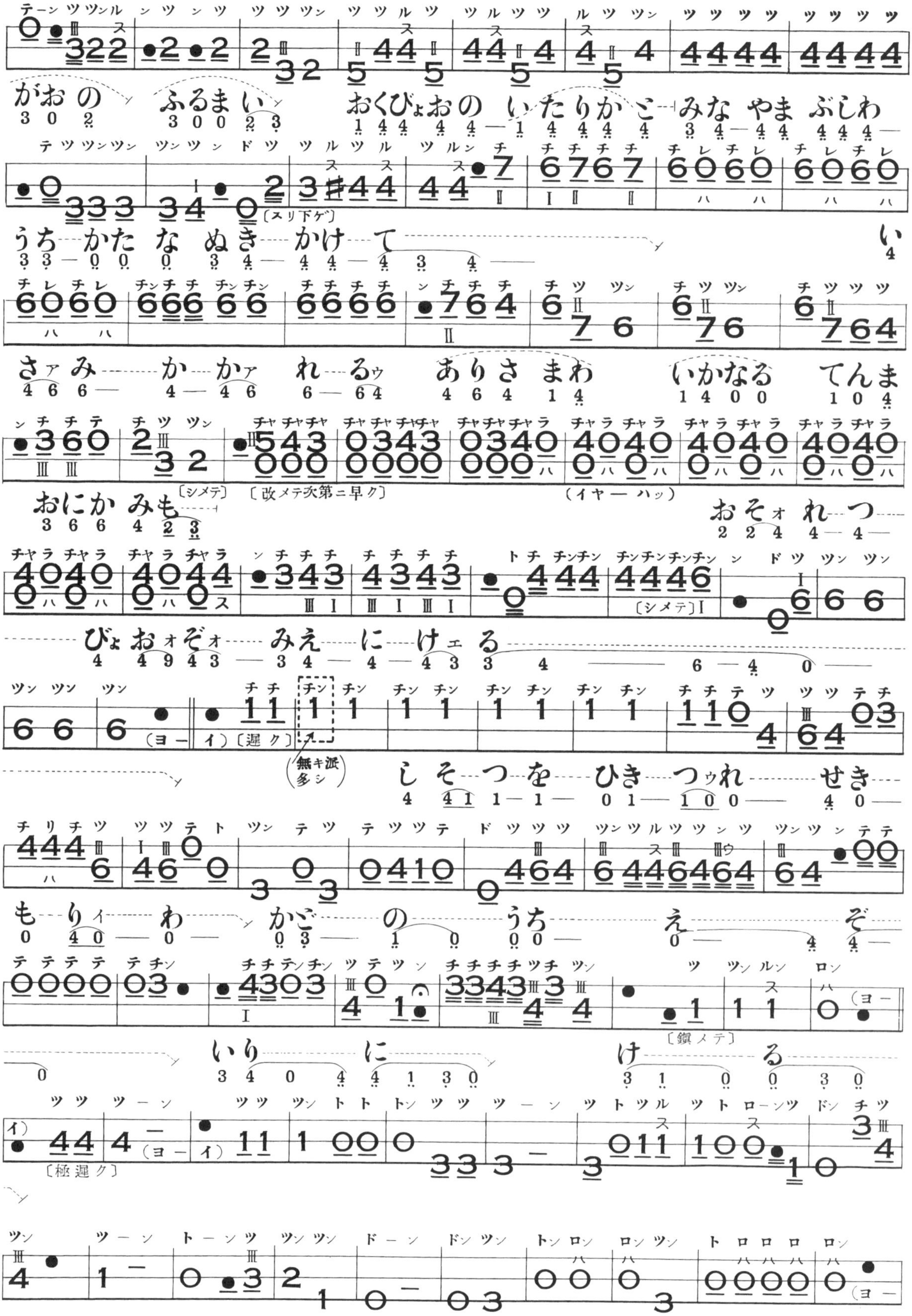
がおの ふるまい おくびょおの いたりかこ みな やま ぶしわ
うち かた な ぬき かけ て い
さァみ か かァ れ るゥ ありさ まわ いかなる てんま
〔スリ下ゲ〕
おにか みも
〔シメテ〕〔改メテ次第ニ早ク〕
〔イヤー ハッ〕
おそォ れ つ
〔シメテ〕
びょおォぞォ みえ に けェる
(ヨー イ)〔遅ク〕
無キ派多シ
しそつを ひき つゥれ せき
もりィ わ かご の うち え ぞ
(ヨー
〔鎮メテ〕
いり に け る
イ) (ヨー イ)
〔極遅ク〕
(ヨー

〔落付イテ、気ヲモツテ〕
〔ノビル〕
(オイ)
ついにィィなかぬべんけいィもいち
打
(オイ)
ごのなみだぞしゅしょおオなる
ほおぐわんおんてをこりィたまアアい
(ヨーイ)
〔シメテ〕
〔稍早間ニ〕
よろ
いにそいしそでまくらかたしく
打
(ンヨイ)
ひまもなみのうえ
(ヘッヤ)
あるこきわふねにう
(ヘッヤ)
かびふうはにィみをまか
(ヘッヤ)
〔改メテ〕
せまたあるゥこォきわさんせきのン

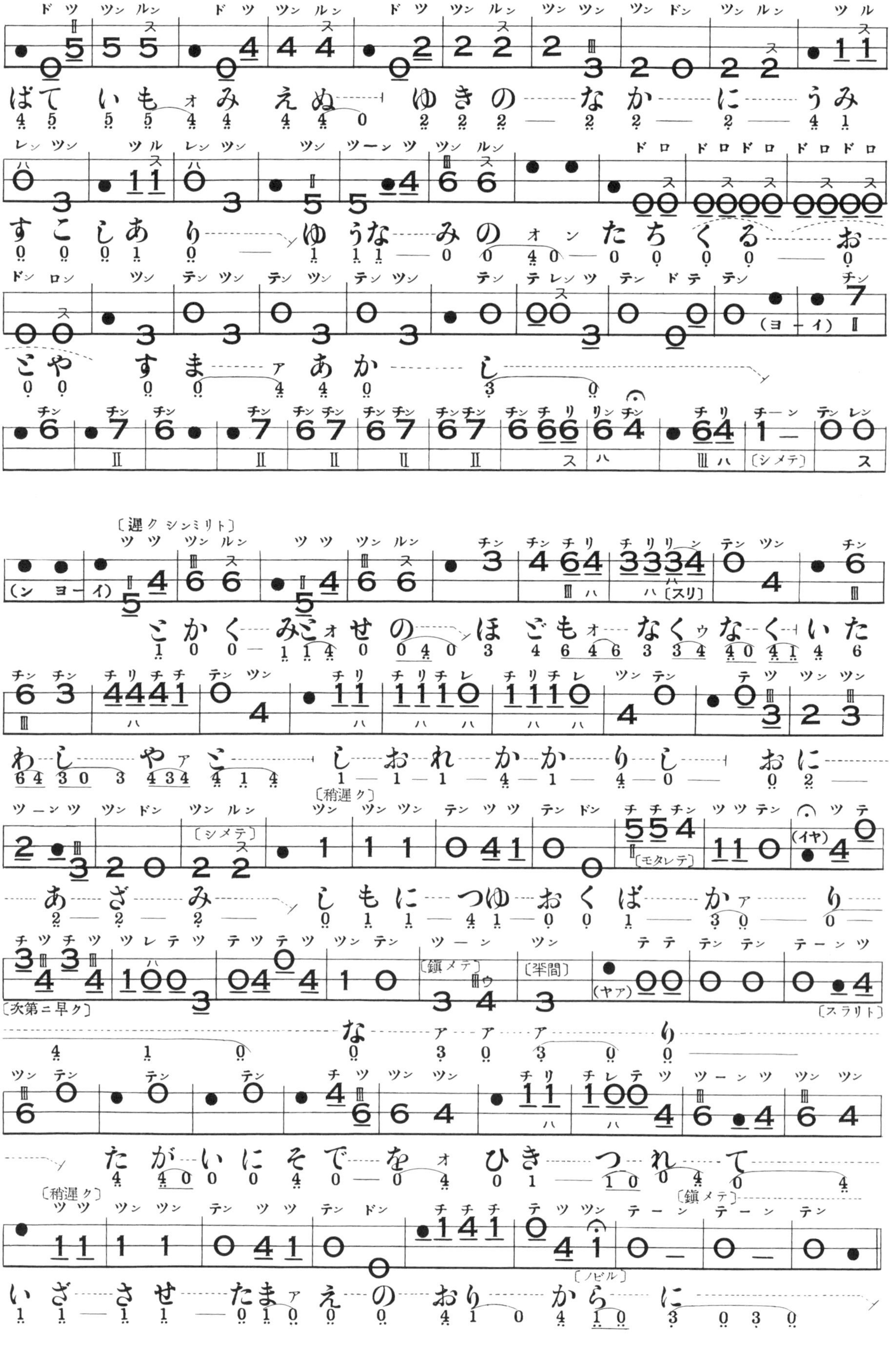
ばていもォみえぬゆきのなかにうみ
すこしありゆうなみのォンたちくるお
ごやすまァあかし
(ヨーイ)
〔遅ク シンミリト〕
(ンヨーイ)
こかくみこォせのほごもォなくゥなくいた
わしやァこしおれかかりしおに
〔稍遅ク〕
(イヤ)
あざみしもにつゆおくばかァり
〔次第ニ早ク〕
〔鎮メテ〕
〔半間〕
(ヤア)
〔スラリト〕
なアアアり
たがいにそでをォひきつれて
〔稍遅ク〕
〔鎮メテ〕
〔ノビル〕
いざさせたまァえのおりからに

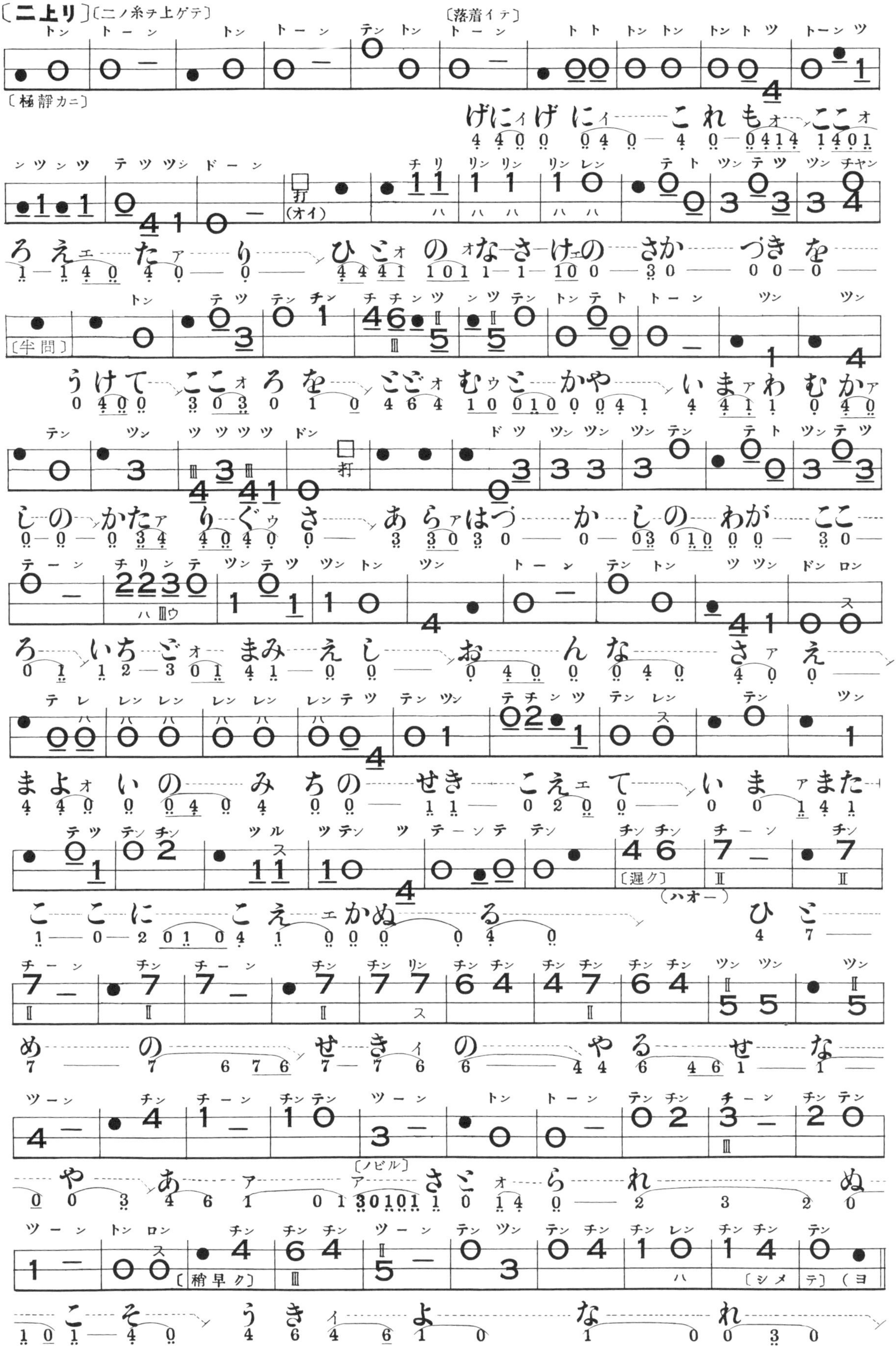
〔二上り〕〔二ノ糸ヲ上ゲテ〕
〔落着イテ〕
〔極静カニ〕
げにィげにィこれもォここォ
打
(オイ)
ろえェたァり ひこォのォなさけェの さか づきを
〔半間〕
うけて ここォろを ごごォむゥこ かや いまァわむかァ
打
しのかたァりぐゥさ あらァはづ かしの わが ここ
ろいちごォまみえし おんな さァえ
まよォいの みちの せき こえェて いまァまた
〔遅ク〕
(ハオー)
ここに こえェかぬる ひこ
めの せきィの やる せな
〔ノビル〕
やあ ア ア さこォられ ぬ
〔稍早ク〕
〔シメテ〕(ヨ
こそ うきィよ なれ

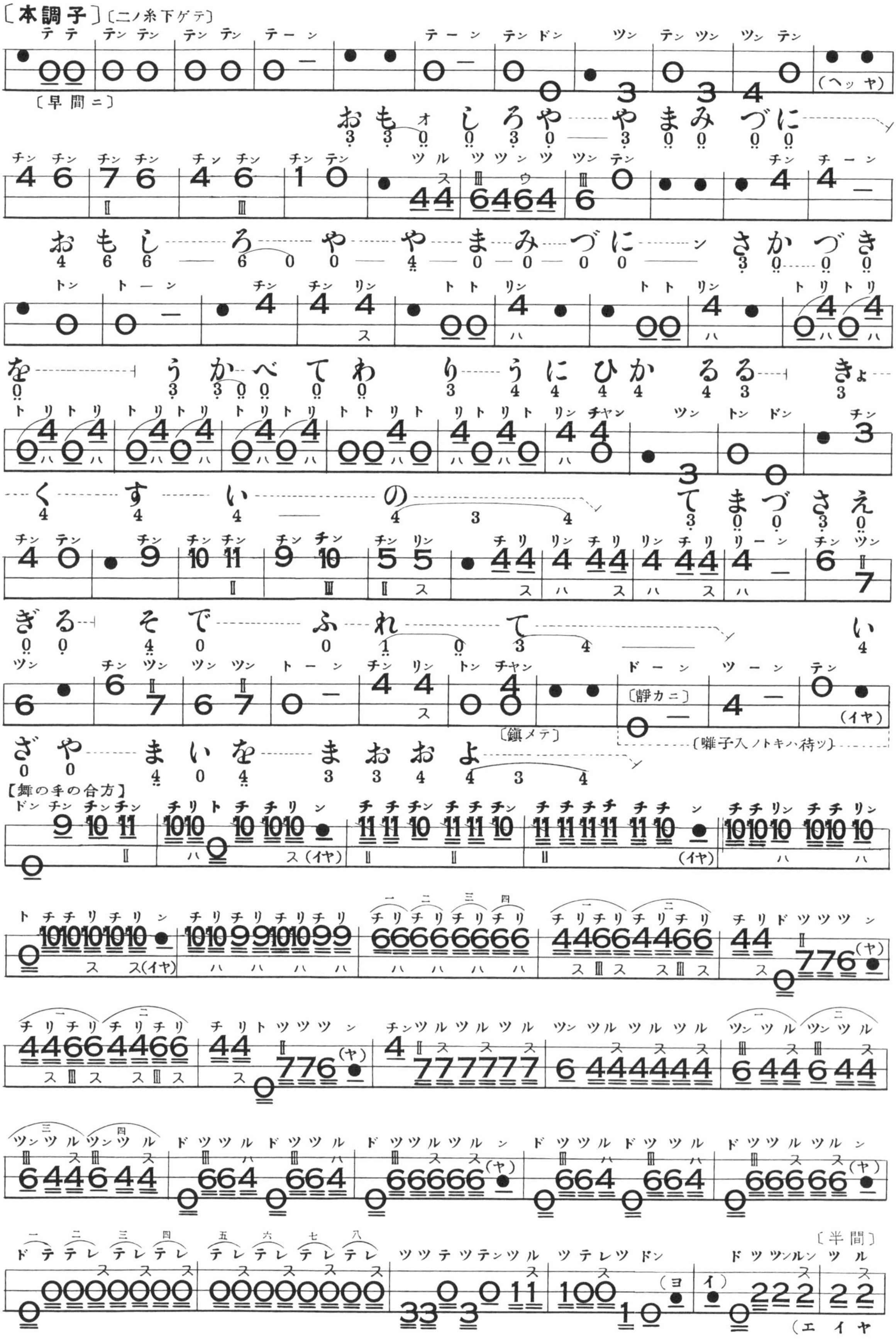
〔本調子〕〔二ノ糸下ゲテ〕
〔早間ニ〕
（ヘッヤ）
おもォしろやーやまみづに
おもしろややまみづに
さかづき
をうかべてわりうにひかるる
きょくすいの
てまづさえ
ぎるそでふれて
いざやまいをまおおよ
〔静カニ〕
（イヤ）
〔鎮メテ〕
〔囃子入ノトキハ待ツ〕
【舞の手の合方】
（イヤ）
（ヤ）
（ヨ
イ）
〔半間〕
（エイヤ

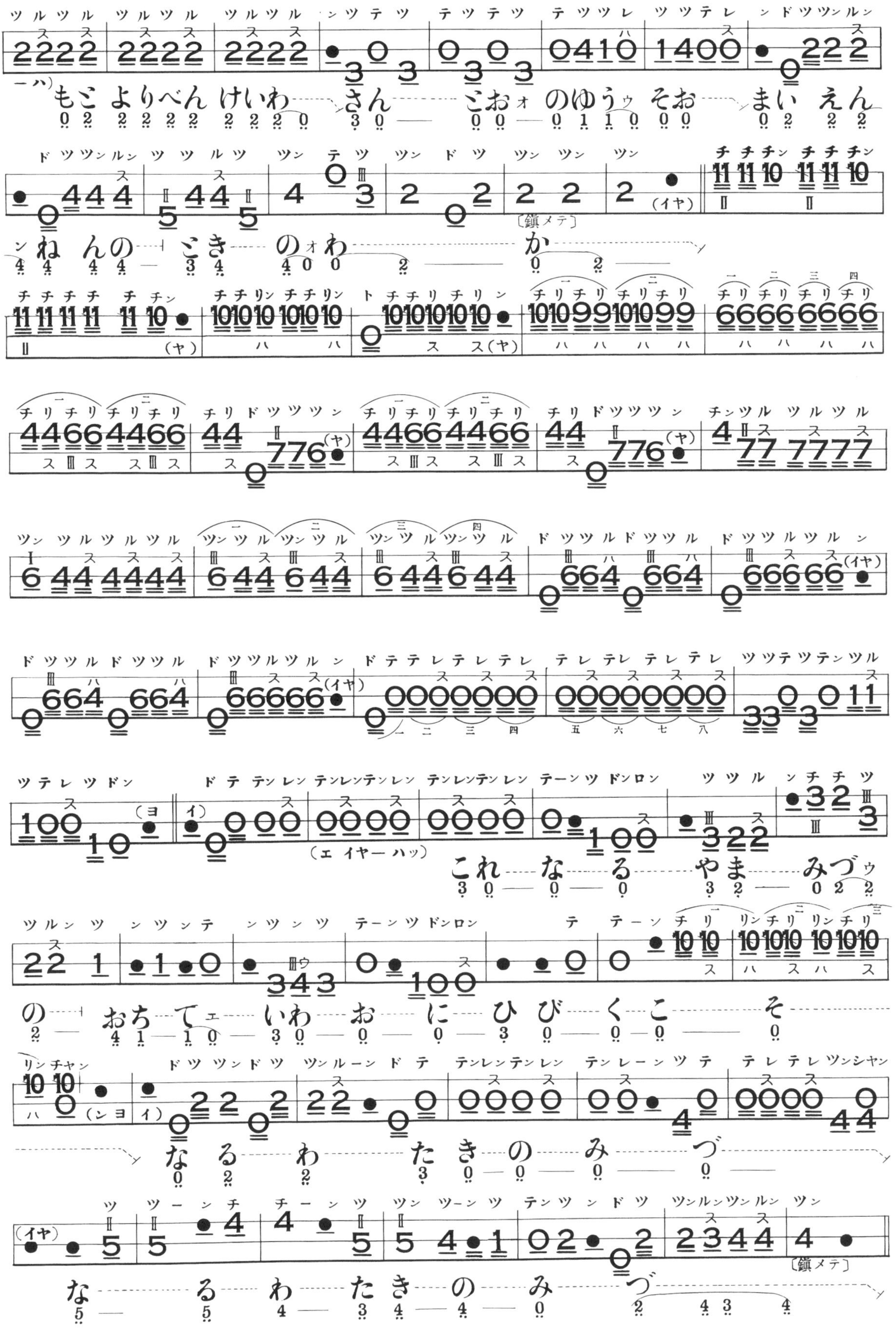
もこよりべんけいわ さん こおォ のゆうゥ そお まい えん
ンねんの こき のォわ か
〔鎖メテ〕
(エ イヤー ハッ)
これ なる やま みづゥ
の おちてェ いわ お に ひびく こ そ
なる わ たき の み づ
な る わ た き の み づ
〔鎖メテ〕

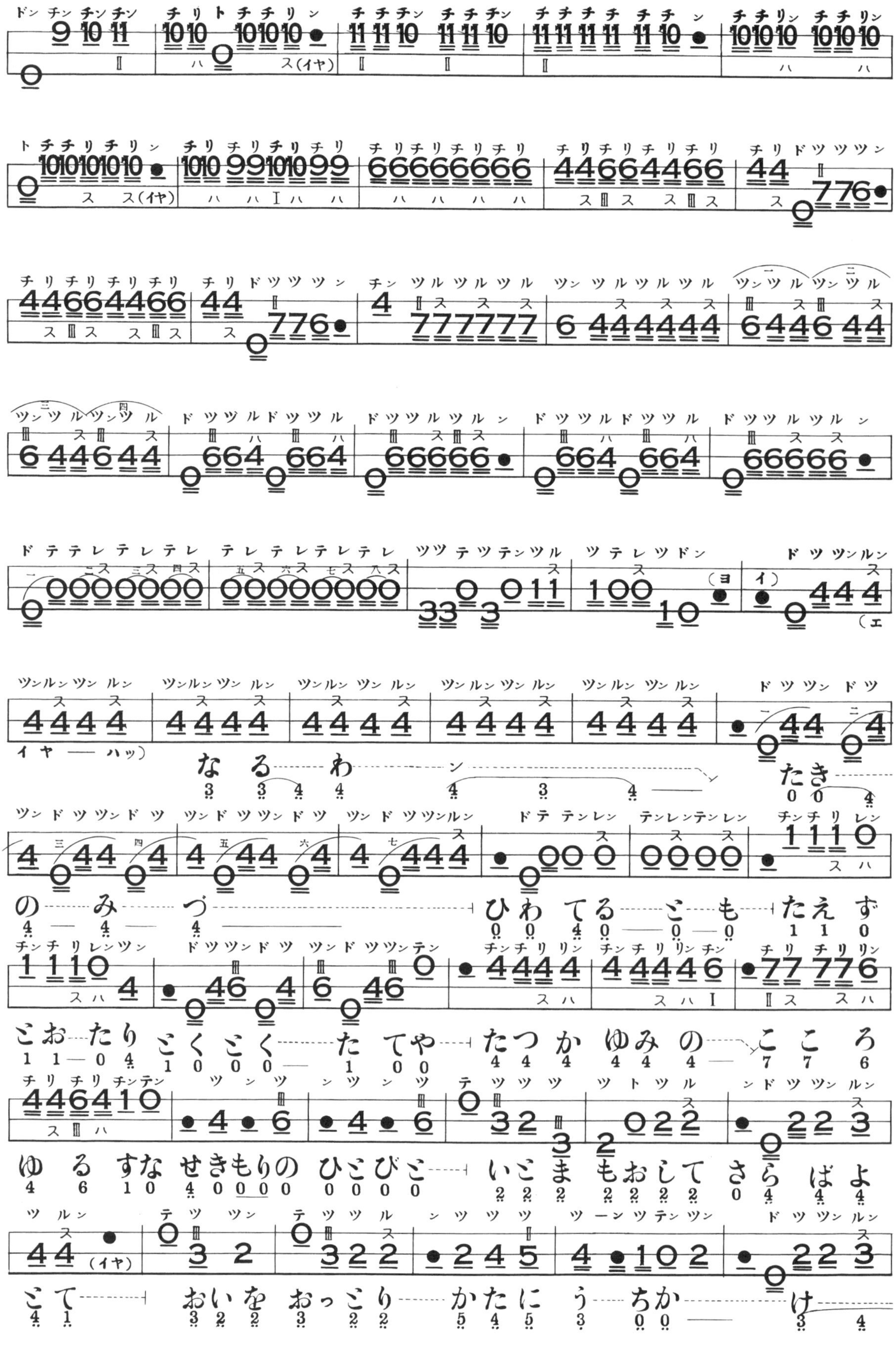
なるわ ン
たき
のみづ
ひわてるこも たえず
こおたり こくこく たてや
たつかゆみの こころ
ゆるすなせきもりの ひこびこ
いこまもおして さらばよ
こて
おいを おっこり
かたに うちか
け

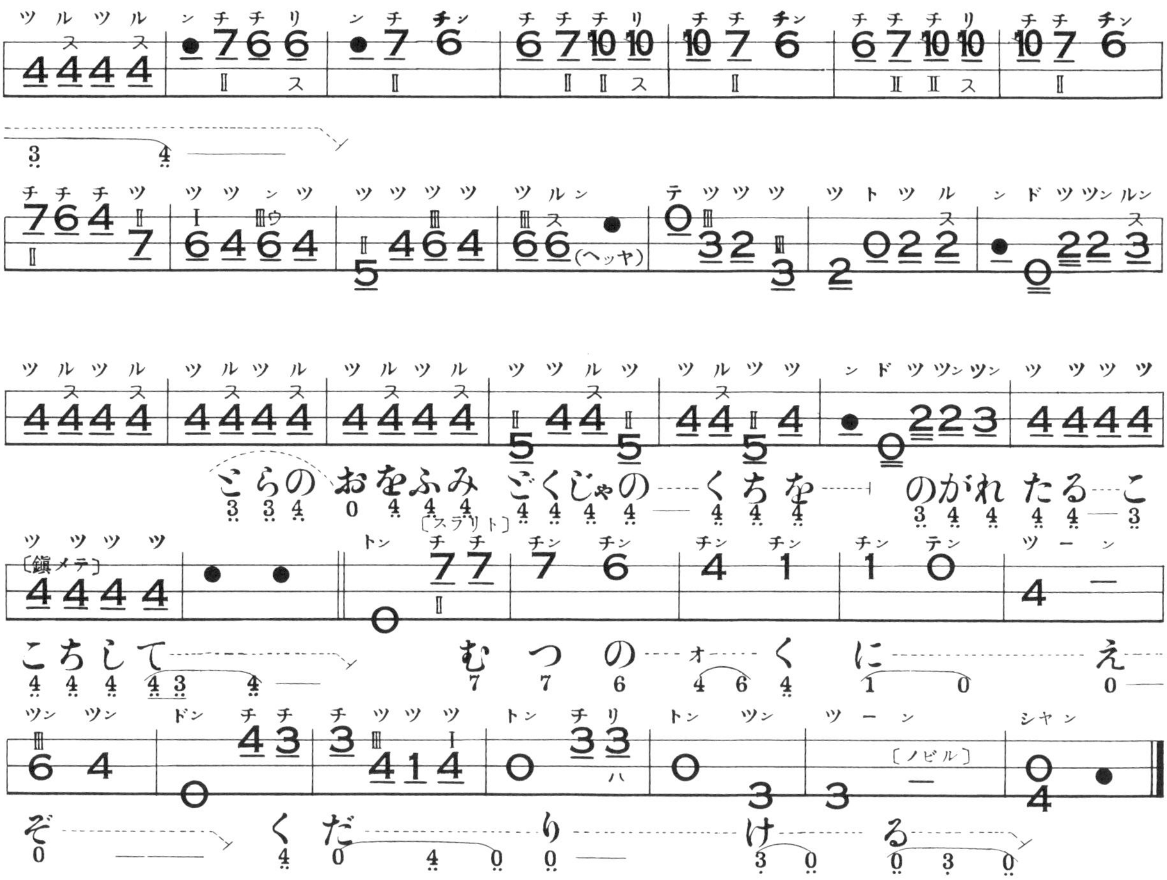

三味線文化譜
長唄
勧《かん》進《じん》帳《ちょう》

一九五二年一月二五日 初版発行
二〇二二年七月十五日 九四版二刷発行

原著者 四世 杵《きね》家《いえ》彌《や》七《しち》
増補改訂 邦楽社編集部
発行者 町田道彦

発行所 東京都港区虎ノ門一—一七—一—三階
株式会社 邦楽社
電話 〇三—三五九一—七二七一
振替 〇〇一〇〇—八—一二八七五

この文化譜の形式は四世杵家彌七師の創案されたものである。

ISBN978-4-8336-3318-5 C0073 ¥600E

3 3 1 8
定価 660 円
（本体 600円）⑩